AF600970

ASSOCIATION FRANÇAISE
POUR LA
SOCIÉTÉ DES NATIONS

Manifestation Nationale

EN L'HONNEUR DE

LA SOCIÉTÉ DES NATIONS

Le Vendredi 30 Janvier 1920

à 16 heures 1/2

DANS LE

Grand Amphithéâtre de la Sorbonne

SOUS LA PRÉSIDENCE DE

Monsieur le Président de la République

PRIX : 0,50 CENTIMES

AU SIÈGE SOCIAL DE L'ASSOCIATION
24, rue Pierre-Curie, 24
PARIS (V^e^)
Téléph. : *Gobelins* 12-67

ASSOCIATION FRANÇAISE POUR LA SOCIÉTÉ DES NATIONS

« Nous ne sommes pas des rêveurs de la paix. Nous voulons être des réalisateurs de la paix... »

Léon BOURGEOIS.

EXTRAIT DES STATUTS

BUT DE L'ASSOCIATION

L'Association française pour la Société des Nations a été fondée pour aider à la constitution d'une société d'abord partielle puis universelle des nations.

Dans ce but, elle se propose :

1° De faire appel à l'opinion publique et d'assurer à la démocratie française la part qui doit lui revenir dans l'organisation internationale du Droit.

2° D'étudier, dans le détail, les problèmes politiques, juridiques, économiques et militaires que posent, dans les rapports de la France et des Etats étrangers, la formation et le développement de cette conception supérieure des relations internationales.

3° De collaborer avec les Associations qui, à l'étranger, ont en vue le même objet.

4° D'aider le Gouvernement à résoudre les difficultés de tout ordre que la réalisation d'une telle idée peut rencontrer.

CONDITIONS D'ADMISSION

L'Association comprend quatre catégories de membres :

1° Membres adhérents ;

2° Membres associés ;

3° Membres donateurs ;

4° Membres d'honneur.

Tous les membres signent une adhésion au programme de l'Association, défini dans l'appel dont le texte est joint aux présents statuts.

La cotisation annuelle est, au minimum, de

2 fr. pour les membres adhérents ;

10 » pour les membres associés ;

50 » pour les membres donateurs.

Les cotisations annuelles peuvent être rachetées par une souscription unique d'au moins 200 francs pour les membres associés et d'au moins 500 francs pour les membres donateurs.

ORGANISATION DE L'ASSOCIATION

La direction générale de l'Association est assurée par un Conseil de 60 membres. Son administration est confiée à un Comité exécutif pris dans le Conseil et nommé par lui.

Le Comité exécutif pour l'année 1920 est composé comme suit :

Président général de l'Association : M. Léon Bourgeois.

Président : M. Paul Appell.

Vice-Présidents : MM. St. Dervillé ; A. Keufer ; E. Larnaude ; de Las Cases ; A. Millerand ; Marcel Prévost.

Secrétaires généraux : MM. Raiberti ; Léon Robelin, Albert Thomas.

Trésorier : M. Raphaël-Georges Lévy.

Trésorier-adjoint : M. Georges Risler.

Membres : MM. Louis Barthou ; M. Bidegaray ; H. Chéron ; A. Fontaine ; Ch. Lyon-Caen ; Pinot ; P. Renaudel.

Tout membre dont la cotisation est d'au moins 25 francs a droit à l'envoi de toutes les publications faites dans l'année par l'Association.

Toute la correspondance doit être adressée au Secrétaire administratif, M. J. Prudhommeaux, 24, rue Pierre-Curie, Paris (V^e). Tél. Gobelins 12-67.

MANIFESTATION NATIONALE

EN L'HONNEUR DE

LA SOCIÉTÉ DES NATIONS

LA
Manifestation de la Sorbonne

Au terme de sa première année d'existence, l'Association Française pour la Société des Nations a jugé qu'elle avait le devoir d'enregistrer solennellement les résultats qui avaient été déjà acquis par son effort et sa persévérance. Elle a estimé, d'autre part, qu'en présence du vaste mouvement de sympathie qui s'est dessiné au cours de ces derniers mois en faveur de la grande institution internationale créée par le traité de paix et qui en forme en quelque sorte la clef de voûte, il était bon de se retourner vers l'opinion publique et aussi, et davantage encore, de s'adresser à la jeunesse pour lui confier le soin de poursuivre et de mener à bien la grande et noble tâche entreprise par ses aînés.

C'est dans cet esprit que l'Association a organisé, à la date du 30 janvier 1920, la cérémonie nationale de la Sorbonne, dont toute la presse, tant parisienne que départementale, a commenté le succès avec une ferveur dont nous lui savons gré, mais dont nous voulons nous-mêmes, en ce fascicule de notre Bulletin, travailler à perpétuer le souvenir.

... Quatre heures et demie. L'amphithéâtre de la Sorbonne est plein à crouler. Dans les galeries supérieures, douze cents jeunes gens et jeunes filles, élèves des lycées de Paris, des écoles supérieures municipales, des écoles diocésaines, la fleur et l'espoir de la race, se pressent et se penchent, frémissants comme à l'approche d'un autre baptême. Dans l'hémicycle et sur l'estrade baignée par la douce lumière qui tombe de la fresque de Puvis de Chavannes, cinquante plénipotentiaires et toutes les notabilités de la capitale ont pris place. Mais pourquoi ne pas citer ici, afin d'enlever à notre affirmation ce qu'elle pourrait sembler avoir de trop intéressé, le langage tenu par l'un des organes les plus considérables de la presse française, le *Petit Parisien?*

« Ils étaient venus, dit ce journal, tous ceux qui, par leur labeur, par leur gloire, illustrent notre pays. Ils étaient venus tous, ils étaient accourus pour assister à cette aurore d'un nouveau droit des peuples. Ils étaient réunis, les maîtres de cette Sorbonne, les partisans d'une science rationnelle comme M. Appell et M. Lucien Poincaré ; les ministres des différents cultes étaient confondus ; la robe violette de Mgr Roland Gosselin, représentant l'archevêque de Paris, mettait sa note éclatante entre les redingotes sombres du pasteur Roberty et du grand-rabbin Lévy ; les sociologues qui croyaient à la paix universelle, comme M. Buisson et M. d'Estournelles de Constant, avaient voulu assister à cet office en même temps que le maréchal Joffre, simple et bonhomme sous son gros manteau de cavalier, et le maréchal Pétain, élégant et svelte dans sa tunique bleu horizon aux manches scintillantes.

« Et pour marquer la grandeur symbolique de cette leçon qui franchira peut-être les siècles, à côté du Président de la Société des Nations, du précurseur entêté de son idéal, M. Léon Bourgeois, s'étaient assis les deux présidents de la République, celui d'hier, M. Poincaré, celui de demain, M. Deschanel. Toute la France était là. »

Oui, toute la France de la pensée et de l'action était là ; et c'est elle qui, par ses acclamations, répondit à M. Léon Bourgeois lorsque le président de l'Association Française, d'une voix mâle et douce, « comme s'il laissait parler son cœur », prononça le discours mémorable par lequel il voulut, selon l'expression d'un autre grand journal parisien, le *Temps*, « élargir solennellement le mot de Michelet et déclarer la paix au monde ».

Après M. Léon Bourgeois, M. Paul Appell, « avec sa simplicité toute nue et son inimitable modestie de vrai savant », comme a écrit M. Aulard, bien qualifié lui-même pour l'apprécier ainsi, se leva, et ce fut pour poser l'implacable dilemme : ou l'établissement d'un ordre international nouveau, ou le suicide de l'humanité par la science, « indifférente comme les lois de la nature qu'elle a pour but de découvrir », et qui, dès à présent, est prête, au cours d'une autre guerre, à anéantir cent millions d'hommes.

Le cardinal Amette, par la voix de Mgr Roland-Gosselin, rappela ensuite que l'Eglise catholique offrait le modèle d'une vaste Société des Nations qui, ayant toujours tendu à faire régner sur le monde la justice et la charité et constituant elle-même, depuis des siècles, comme une vaste Société des Nations, était par avance ralliée à l'idée nouvelle.

Le pasteur Roberty, le grand-rabbin Lévy, remplacé par M. le grand-rabbin Bauer, MM. de Las Cases, Ernest Lavisse, dont la forte déclaration fut lue par M. E. Borel, M. Alexandre Ribot, à qui M. L. Robelin prêta sa voix, firent entendre ensuite les démonstrations les plus rigoureuses et les appels les plus émouvants. Puis ce fut le tour de M. Albert Thomas qui, avec une éloquence vibrante, célébra « l'éminente dignité du travail humain » qui allait enfin, par l'entente fraternelle des nations, se trouver libéré des vieilles servitudes de la barbarie et de la haine.

Entre temps, Mme Segond-Weber, la grande artiste, avait fait chanter de sa voix d'airain les strophes d'une des plus sublimes pièces des *Châtiments*, appel ardent à l'universel amour. Et, après la voix de la grande artiste, une autre voix de poète retentissait : celle de M. Jean Richepin, lisant des vers inédits, de beaux vers, d'une éclatante facture et d'une généreuse inspiration.

Enfin, ce fut, couronnement de cette admirable cérémonie, le discours de M. Raymond Poincaré, président de la République, qui, après avoir rendu un hommage mérité à l'œuvre préliminaire de la Conférence de La Haye, condensa en formules d'une lumineuse profondeur « la vérité qui naît et la doctrine qui s'établit », celle d'une Société des Nations pour le rapprochement des peuples et le développement pacifique de la civilisation générale.

Ajoutons qu'à l'heure même où se déroulait à Paris cette manifestation incomparable, dans la plupart des écoles de province, les maîtres et les maîtresses de l'enseignement public, modestement, mais de toute leur âme, lisaient et commentaient, sur les instructions venues du ministère de l'Instruction publique, quelques-unes des déclarations faites en Sorbonne, et plus particulièrement un exposé savant et éloquent écrit pour eux par M. Ferdinand Buisson, et dont nous reproduisons plus loin le texte (1).

C'est ainsi que, dans l'après-midi du 30 janvier 1920, d'un bout à l'autre de la terre de France, de jeunes esprits se sont préparés, par un même acte de foi, à la noble tâche qui leur incombera dès demain, s'ils veulent accomplir la volonté sainte des morts de la grande guerre, tombés non seulement pour le salut de leur pays, mais pour l'avènement de la paix du droit assise sur des bases indestructibles.

Discours de M. Léon BOURGEOIS

La Société des Nations a été longtemps considérée comme le rêve d'esprits chimériques. Bien que de grands politiques, comme Henri IV, en eussent formé le projet, elle demeurait une conception purement idéale, chère aux philosophes, mais que les éternels conflits des intérêts et des passions empêcheraient toujours de se réaliser.

Les horreurs de la guerre déchaînée par la barbarie allemande, en soulevant l'indignation du monde, ont fait chercher par tous les libres esprits, désirer par tous les cœurs généreux, la formation d'un pacte de justice et de paix qui assurât les hommes contre le retour de

---

(1) Deux cent mille brochures, contenant les pages écrites par MM. Ernest Lavisse et Ferdinand Buisson, ont été adressées, par l'intermédiaire des inspecteurs d'académie, aux lycées, collèges et écoles de la province. Nous avons le devoir, et nous le remplissons avec joie, de remercier à cette occasion l'Office central de l'Expansion nationale et l'Union des grandes Associations qui ont bien voulu nous aider à couvrir les frais de ce vaste effort de propagande.

semblables catastrophes et mît définitivement la force au service du droit.

Le président Wilson, par ses messages, par ses interventions personnelles, offrit à l'idée les moyens de se réaliser dans une grande convention internationale. Et quelles qu'en soient encore les lacunes, le pacte du 28 avril 1919 a scellé entre les peuples libres l'engagement solennel de l'union de tous pour la sûreté et l'indépendance de tous. Les Nations ont prêté serment sur les tables de la loi de l'Humanité.

***

Il fut une heure où, devant le spectacle de la souffrance infinie, de la mort innombrable, de tous les points de l'univers une même voix s'élevait, une voix d'espérance et de foi.

Pourquoi faut-il que certains paraissent revenir aux anciens doutes? Les intérêts immédiats, les querelles de partis peuvent-ils vraiment prévaloir encore sur les intérêts suprêmes, sur les nécessités du bien universel?

Le monde aveugle — comme Œdipe aux yeux sanglants — va-t-il reprendre à tâtons sa vieille route, sur le chemin de la douleur et de la malédiction?

A cette question redoutable, sachons répondre hardiment, énergiquement : non. Sur la vie, la mort ne prévaudra pas. C'est déjà la réponse des faits.

***

Le Conseil de la Société des Nations a tenu à Paris, le 16 janvier, sa première réunion. Conformément aux termes du pacte du 28 avril 1919 les représentants de la Grande-Bretagne, de la France, de l'Italie et du Japon, et ceux de la Belgique, du Brésil, de l'Espagne et de la Grèce étaient présents. Le délégué français avait eu le grand honneur d'être chargé de la présidence de cette première séance où manquaient seulement encore les représentants des Etats-Unis d'Amérique dont tous attendent et espèrent la prochaine adhésion.

Cette séance a été solennelle et publique. Les ambassadeurs et les ministres de tous les Etats visés à l'article 1er du pacte assistaient à la délibération ; elle a eu son caractère nécessaire de dignité, de simple grandeur et de parfaite harmonie.

Une seule décision a été prise relative à un objet qui intéresse directement notre pays : la délimitation du bassin de la Sarre. Le président a reçu le mandat de préparer pour la seconde réunion du conseil qui se tiendra à Londres, le mois prochain, un ordre du jour comprenant l'étude de plusieurs affaires de haute importance se rapportant toutes à la première tâche de la Société des Nations : l'exécution rapide et exacte du traité de paix.

L'existence de la Société des Nations est depuis ce jour une réalité.

Ainsi, par les faits eux-mêmes, la vérité de demain se dégage et la volonté de confiance s'affirme et reprend son action.

***

Mais ce n'est pas seulement des actes de ses représentants que dépend l'avenir de la Société des Nations. Les membres de son conseil ne sont que les délégués des gouvernements, et ceux-ci, à les supposer tous animés d'une égale bonne volonté, sont sans cesse entravés par les mille obstacles de la politique quotidienne, par les responsabilités qu'entraînent pour eux les moindres incidents.

Aussi, comme je n'ai pas craint de le dire à la Conférence de la paix, ce ne sont pas les gouvernements, ce sont les peuples eux-mêmes qui jugeront en dernier ressort.

Il faut que les chefs soient non seulement soutenus, mais poussés impérieusement par le sentiment de tous.

Ainsi qu'à travers l'Atlantique, sous les courtes vagues qui l'agitent vainement en tous sens, un grand courant apporte sans cesse la chaleur et la vie des régions des tropiques vers les côtes des mers glacées du Nord, il faut que du foyer ardent des âmes simples et sincères montent, sans cesse, vers les froides régions que glacent les intérêts et les passions, la chaleur et la vie.

Pour qu'une pensée commune réunisse en une volonté agissante les hommes de toutes opinions, de toutes croyances, de tous partis et de toutes situations sociales, il faut que les foules humaines comprennent, il faut que les foules humaines ressentent les bienfaits de la vie nouvelle.

⁂

Pour qu'il en soit ainsi, nous avons une triple tâche à remplir.

Une tâche immédiate : empêcher que les puissances vaincues qui ne reconnaissent pas la légitimité de notre victoire, qui n'acceptent pas la sentence rendue au nom du droit, ne puissent troubler à nouveau la paix reconquise.

Le traité de paix doit être exécuté non dans un esprit de persécution et de haine, mais dans celui de la stricte et impassible justice; l'Allemagne doit sentir l'impuissance de tout sursaut de révolte, et se convaincre, puisqu'elle ne croit qu'à la force, que c'est la force du droit qui désormais restera souveraine. Il faut, en deux mots, qu'elle ne puisse troubler l'ordre nouveau et que soient garanties enfin au monde la confiance et la sécurité.

A ce premier bienfait, le pacte du 28 avril permet, ordonne d'en ajouter un autre dont les effets toucheront les hommes dans leur tâche de chaque jour, à leur travail, à leur foyer.

La Société des Nations doit créer dans le domaine du travail, de l'hygiène sociale, tous les éléments de la vie internationale.

A l'âpre concurrence substituer l'harmonie des intérêts et des droits, aux risques que la misère, la maladie et les mille maux sociaux font courir à chacun de nous, opposer la force collective de grands organismes internationaux, telle est l'action bienfaisante entre toutes qui s'impose à nos efforts. Ainsi, de toutes parts, entre les peuples, se réduiront peu à peu, en se divisant, les raisons d'oppositions et de conflits. Ainsi se multiplieront en se coordonnant les liens qui permettront de rendre, à tous, de plus en plus conscientes, de plus en plus évidentes, les raisons que l'on a de s'entendre et de s'accorder.

Mais ce n'est encore qu'une faible part de la tâche à accomplir. A cette organisation de la solidarité internationale des intérêts et des droits, doit s'ajouter une solidarité d'un autre ordre, celle des esprits et des volontés.

Pour que les nations continuent à vouloir délibérer ensemble sous la loi commune, il faut que se forme peu à peu l'unité intellectuelle et morale sans laquelle l'œuvre sera toujours menacée. A cet être nouveau il faut une âme.

Pour que la vérité supérieure vers laquelle s'élèvent nos espérances mette sur les âmes son empreinte, pour qu'elle soit comprise et sentie et qu'on puisse dire avec le poète qu'elle est éternelle,

> Et que ceux qui se sont passés d'elle
> Ici bas ont tout ignoré,

quelle patiente et lente éducation est nécessaire et quels enseignements doivent être partout donnés !

C'est à cette œuvre d'enseignement, de propagande universelle que se sont vouées les grandes associations aujourd'hui formées dans tous les pays libres, aux Etats-Unis, en Angleterre, en Italie, en Belgique, en Espagne, aussi bien que dans les Etats de l'Asie et de l'Amérique Latine, et qui, au mois de décembre, à Bruxelles, ont fondé entre elles une Fédération dont un Bureau permanent assurera l'action continue.

C'est pour entreprendre, dans notre pays, cette haute mission d'enseignement et d'éducation que nous avons conçu l'idée d'une réunion solennelle, d'un appel fait à la jeunesse de France par les hommes les plus éminents de la Nation, par le président et les membres de notre conseil. Et nous sommes fiers de voir consacrer notre pensée par la présence au milieu de nous des deux Présidents de notre République, celui d'hier et celui de demain, M. Raymond Poincaré et M. Paul Deschanel.

Aujourd'hui, dans toutes les écoles de France, avec l'autorisation de notre ami M. Honnorat, ministre de l'Instruction publique, que j'en remercie chaleureusement, seront lus et commentés par nos maîtres, les passages essentiels des discours que vous allez entendre et toute la jeunesse de France, toute la France de demain, sentira ainsi passer le grand souffle de liberté, de justice et de paix qui, nous l'attestons, fera battre leurs cœurs.

***

C'est, en effet, par l'école que doit se faire, dans chaque pays, la seule propagande qui préparera les lendemains de la grande œuvre.

Chez nous, la tâche sera, pour les maîtres, plus facile que partout ailleurs.

Tandis que les gymnases et les écoles de l'Allemagne, pliés à la discipline prussienne, empoisonnaient toute une race, lui donnaient le mépris du droit, l'orgueil de la force brutale, la haine des nations libres et généreuses, notre école nationale n'a jamais séparé le culte de l'idéal de liberté, de justice et de fraternité, de l'amour sacré de la Patrie et de la volonté du sacrifice.

N'est-ce pas là d'ailleurs toute la tradition de l'âme française ? N'est-ce pas cette vocation au sacrifice, pour l'idéal à la fois national et humain qui a inspiré tous les grands mouvements du peuple de France, depuis les Croisades, à l'heure où la chrétienté résumait à ses yeux l'humanité, jusqu'aux immortelles campagnes où les fils de la Révolution couraient aux frontières pour sauver la Patrie en danger et portaient au loin le drapeau pour annoncer aux peuples les Droits de l'homme?

Et ce sens admirable où se confondent ensemble le génie de la race et le génie de l'humanité, n'a-t-il pas trouvé dans les œuvres de nos grands écrivains cette expression souveraine qui a fait de notre langue la langue de tous ceux qui pensent et de nos philosophes, de nos orateurs et de nos poètes comme les classiques de l'Humanité?

Aux maîtres de nos écoles de tout ordre, nous pouvons confier en dépôt tout cet enseignement de la vie nouvelle. Ils retrouveront sur la route la trace de ceux qui, dans le passé, ont fait au dedans l'indestructible unité, au dehors, le rayonnement toujours plus éclatant de la France.

⁂

Jeunes gens des lycées, des collèges et des écoles de Paris, nous avons voulu que vous teniez ici la place la plus large, la place d'honneur ; c'est entre vos mains que bientôt seront remises les destinées de la Patrie et, par la puissance que la victoire a donnée à la France, vous aurez une grande part de responsabilités dans les destins de l'humanité.

Préparez-vous à ces grands devoirs.

Vous venez d'être les témoins de la plus terrible guerre qu'a vue l'Histoire.

Vous avez connu les actions héroïques de vos pères et de vos aînés ; vous avez connu les souffrances et les sacrifices de ceux qui ont offert leur vie pour vous. Beaucoup d'entre vous, hélas ! serrés auprès de vos mères en deuil, portez au cœur des blessures qui ne se fermeront plus.

Mais vous avez aussi connu les incomparables heures de la Victoire et l'âme revit en vous des héros qui ont rendu l'Alsace et la Lorraine à la France. Vous avez appris comment cette victoire s'obtient par l'unité de volonté et d'action des soldats et des chefs de vingt nations libres, liguées pour la cause de la dignité humaine.

Cette unité de front, la Société des Nations l'étend et la perpétue, non plus seulement pour un temps, et contre un ennemi présent, mais contre tout ennemi futur de la justice et de la paix.

Vous saurez vouloir cette Société des Nations d'une conscience droite et d'une inflexible volonté.

Votre front est marqué d'un signe éternel : vous n'oublierez pas.

Déclaration de M. Paul APPELL

Doyen honoraire de la Faculté des Sciences,
Président du Comité Exécutif de l'« Association française pour la Société des Nations »

Monsieur le Président, Mesdames, Messieurs,

Vous permettrez à un membre de l'Académie des sciences de faire sa déclaration du point de vue scientifique.

Les progrès de la science rendent la Société des Nations possible ; bien plus, ils la rendent nécessaire.

La Société des Nations, rêve des penseurs de tous les temps, vœu secret de toutes les mères, est aujourd'hui possible.

La planète se rapetisse de jour en jour ; les voies de communication sont raccourcies par des canaux et des tunnels ; la vitesse possible des trains et des paquebots augmente ; la télégraphie permet aux informations de faire en quelques secondes le tour du globe ; l'aviation ajoute la conquête de l'air à celle de la terre et de l'eau ; le développement du machinisme modifie profondément les conditions du travail humain, en donnant aux plus humbles les loisirs nécessaires pour développer leur intelligence et élever leur sens moral. L'humanité prend conscience d'elle-même : le règne du droit peut s'établir entre les divers pays du monde, comme il s'est établi autrefois entre les provinces qui constituent notre France.

Mais je vais plus loin ; la Société des Nations est devenue une nécessité. Deux voies, en effet, s'ouvrent devant l'humanité : l'établissement d'un droit nouveau ou l'anéantissement et le suicide. La guerre qui vient de se terminer a coûté dix millions de vies humaines et a détruit pour longtemps les richesses accumulées par le travail des hommes : elle laisse derrière elle un cortège de douleurs, de misères, de dépressions morales qui mettent la civilisation en péril. Avec l'expérience maintenant acquise, les moyens de destruction progressent à pas de géant : les sous-marins, les avions de bombardement, les canons à longue portée, les mitrailleuses à tir rapide, les explosifs, les gaz asphyxiants se perfectionnent de jour en jour.

Une nouvelle guerre entre les grandes nations tuerait 100 millions d'hommes, détruirait en quelques heures les plus puissantes cités, anéantirait la vie de pays entiers ; elle laisserait après elle des peuples sans idéal moral, ne croyant qu'à la force et retournant à la barbarie inorganisée.

Il est inexact de dire que la science unit les peuples. La science est indifférente, comme les lois de la nature qu'elle a pour but de découvrir.

Elle vaut ce que vaut l'être moral qui l'emploie : c'est à l'humanité de choisir ; veut-elle faire de la science l'instrument de son propre anéantissement ou celui du progrès de la civilisation ? Son choix n'est pas douteux.

Pasteur a dit, il y a trente ans : « Je crois invinciblement que la science et la paix triompheront de l'ignorance et de la guerre. » On peut ajouter aujourd'hui : Nous croyons invinciblement que la science, au service du droit et de l'humanité, triomphera de la science au service de la force et de la destruction.

Déclaration de S. E. le Cardinal AMETTE

L'idée de la Société des Nations est une idée essentiellement chrétienne.

Le christianisme enseigne, en effet, que tous les hommes sont frères, créés tous par le même Dieu et tous appelés par lui aux mêmes destinées éternelles.

Issus d'un même père à l'origine, les hommes, à mesure qu'ils se sont multipliés, se sont groupés d'abord en familles, puis en tribus, enfin en nations ; mais ces différents groupements ne doivent pas demeurer étrangers, moins encore, hostiles les uns aux autres.

Dans le dessein de la Providence, des liens plus étroits doivent unir ensemble les membres d'une même famille, d'une même nation ; mais il doit exister aussi des relations entre les nations diverses comme entre les différentes familles.

Deux lois doivent présider à ces relations : elles se nomment la justice et la charité. La justice dit aux peuples comme aux individus : « Rendez à chacun ce qui lui est dû. » La charité ajoute : « Aimez-vous les uns les autres. »

Telles sont les bases nécessaires d'une vraie Société des Nations.

Que la justice règne d'abord entre les peuples, par le respect des droits de chacun, et, quand ces droits ont été violés, par les réparations qu'ils exigent.

Une fois la justice assurée, que la charité, qu'une bienveillance réciproque s'exerce de nation à nation, comme d'homme à homme.

A ces conditions, le monde jouira de la paix.

L'Eglise catholique, vaste Société des Nations, fondée par Jésus-Christ, destinée, comme son nom l'indique, à s'étendre sur tout l'univers, avait voulu au moyen âge réaliser cet idéal entre les peuples qui professaient sa doctrine et obéissaient à ses lois : c'était la Chrétienté.

De nos jours, l'unité des croyances n'existe plus dans le monde ; mais il est encore des principes de morale unanimement reconnus par tous les peuples civilisés.

C'est une noble et louable entreprise que de vouloir fonder sur ces principes communs un pacte qui garantisse la paix du monde et le préserve des effroyables conflits qui l'ont ensanglanté. L'Eglise ne peut que souhaiter cordialement le succès de ce dessein.

Puisque ceux qui s'appliquent à le réaliser ont bien voulu insister pour entendre ma voix dans cette solennelle assemblée, qu'il me soit permis d'exprimer le vœu que la future Société des Nations fasse dans son sein une place digne de lui au représentant suprême de la plus haute autorité morale qui soit au monde, de celle qui, parlant au nom de Dieu, prêche aux hommes avec le plus d'efficacité de se rendre mutuellement justice et de s'entr'aimer.

Déclaration de M. le Pasteur ROBERTY

Vice-Président de la Fédération Protestante de France

L'Assemblée générale du Protestantisme français, convoquée tous les cinq ans, par les soins de la Fédération protestante de France, a tenu ses dernières assises à Lyon, en novembre 1919. Parmi les vœux que l'assemblée a votés, à l'unanimité, qu'il me soit permis de résumer ceux qui visent la Société des Nations, en l'honneur de laquelle nous sommes ici réunis. Les voici :

« L'Assemblée générale du Protestantisme français, réunie à Lyon, du 18 au 21 novembre 1919,

« Désireuse de s'associer à toutes les Eglises chrétiennes qui prennent de plus en plus conscience de leur rôle de pacificatrices, au nom de leur seul chef, le Saint et le Juste, que l'Assemblée acclame plus que jamais comme le Prince de la paix,

« Convaincue que la paix ne peut être séparée de la justice et que les plus grands criminels ne sont pas inaccessibles au repentir,

« Sûre de l'accomplissement des promesses du Christ,

« Attend avec confiance le jour où, dans une humanité pacifiée, les Eglises de la chrétienté tout entière seront aux premiers rangs pour soutenir la cause sainte de la Société des Nations ;

« Et invite la Fédération à rappeler chaque année, en un service solennel, le désir chrétien de travailler au développement et à la popularité de cette institution, première ébauche du royaume de Dieu sur la terre. »

Telle est donc, Messieurs, la plus récente résolution des protestants français sur ce sujet capital. C'est vous dire avec quel empressement nous avons répondu à l'appel du conseil de notre association, et combien nous sommes désireux de soutenir, pour notre faible part, votre admirable effort.

Défendre les droits de tous les peuples par l'association entre tous les peuples, tel est le formidable problème à résoudre. Mais ni l'intérêt bien entendu, ni l'horreur de la guerre, ni les considérations économiques les plus exactes, ni la force d'une police nombreuse et bien armée, ni les progrès de la plus clairvoyante raison — et c'est la raison française — ni les adjurations les plus éloquentes, ni les traités les mieux établis n'auraient le pouvoir de transformer la *vérité* de la Société des Nations en une *réalité* permanente, si nous ne parvenions à insérer dans nos volontés et dans nos consciences cette puissance incomparable que nous, croyants, nous appelons l'esprit de Jésus-Christ.

Il existe des individualités vraiment chrétiennes. Pourquoi les nations ne le deviendraient-elles jamais ? Pourquoi seraient-elles à jamais incapables de réaliser l'idéal international de l'Evangile ? Pourquoi surtout la France se mettrait-elle à douter de l'efficacité de son meilleur génie qui, plus que le génie de toute autre nation, aspire à la félicité universelle ?

Que la démocratie française refuse de se laisser détourner de sa route par la risée des sceptiques ; qu'elle reste fidèle à son âme héroïque et aux exigences de la raison, et que les chrétiens consentent enfin à ne plus renier leur maître mais, au contraire, à embrasser dans son étendue mondiale la pensée évangélique, telle doit être, en cette époque solennelle où la France victorieuse ressuscite, notre plus fervente prière.

Déclaration de M. Israël LÉVI

Grand Rabbin de France

Au lendemain de la catastrophe effroyable qui a ensanglanté le monde, un immense espoir soulève toutes les âmes à l'annonce de la fondation d'une Société des Nations qui préviendrait le retour des guerres et de leurs horreurs. Nul ne salue avec plus d'enthousiasme l'aube de cette vie nouvelle que les disciples des prophètes d'Israël qui ont assigné à l'humanité pour but suprême le règne de la paix et de la fraternité. Mais, pour être viable, la Société des Nations devra être l'expression de la volonté réfléchie des Nations elles-mêmes. Une telle réforme de la politique internationale a pour condition essentielle une réforme *personnelle* : elle exige, avant tout, la destruction de l'idole antique, la fausse conception que l'intérêt du pays est un droit sacré, qui prime toute justice. L'Ecriture a eu raison de dire : « La paix ne peut être l'œuvre que de l'équité ». La Société des Nations sera la Société des gens de bien épris d'un même idéal de sincérité et de justice pour tous. Soyons par notre exemple comme par nos paroles les apôtres de cette vérité : il appartient à la France d'être un fois de plus le flambeau de l'humanité.

Israël Lévy,
Grand rabbin du Consistoire Central
des Israélites de France.

Déclaration de M. de LAS CASES

Sénateur de la Lozère

Mesdames, Messieurs,

Le Vieux Plutarque nous montre Lycurgue et Numa Pompilius substituant au droit de la force la force du droit.

Ils établissent dans leur cité la paix, grâce à des codes qui fixent la loi, à des tribunaux qui l'appliquent, à des licteurs qui la font exécuter.

Lycurgue et Numa Pompilius jettent ainsi les bases de deux grands peuples. Ils mettent, par la justice, fin aux rixes entre leurs concitoyens.

Pourquoi ne pas tenter, par le même moyen, de mettre fin aux guerres entre les nations ? Pourquoi ne pas s'inspirer de l'exemple d'une cité déterminée pour pacifier la grande humanité ?

Au lendemain de la terrible épidémie que l'Allemagne a déclanchée, que, par ses crimes, le monde n'a pas seulement vu dévaster le labeur des siècles passés et hypothéquer celui des siècles à venir, mais surtout jeter le deuil et les larmes dans chaque foyer où se pleure un être chéri brisé dans son printemps, qui donc considérerait d'un œil terne et indifférent de tels maux et jugerait inutile d'y chercher remède?

Après chaque guerre, les hommes ont voulu la paix. Mais les médiations jusqu'ici appliquées ont fait faillite.

Faillite, la paix fondée sur l'hégémonie d'un peuple assez bien armé pour courber sous sa puissance le reste de l'univers. Faillite, la paix fondée sur l'architecture, trop complexe pour n'être pas trop délicate, de l'équilibre européen!

Seule, la paix basée sur la justice et le droit peut être stable.

Voilà la source pure d'où découle l'idée de la Société des Nations.

Mais une idée juste et généreuse ne s'implante pas toujours — même chez nous — spontanément. Il lui faut des esprits autorisés, vaillants, éloquents, comme M. Léon Bourgeois, et un public d'élite comme le vôtre pour triompher de la routine et des préjugés.

Ce sont là les fers barbelés qu'il faut briser. « Comment! — disent certains sceptiques — mais voilà des milliers d'années que le monde existe; il a toujours été en guerre, il sera donc toujours en guerre! »

J'imagine que, quand nos arrière-grands-pères ont voulu quitter leurs cavernes, ils ont dû se heurter à des arguments du même genre.

Napoléon et M. Thiers — malgré tout leur esprit et tout leur génie — n'ont-ils pas méconnu l'avenir de la vapeur et des chemins de fer, et si le Très-Haut n'avait eu la précaution de créer les hommes le dernier jour, il en eût trouvé, sans doute, pour le supplier de ne pas déranger le chaos.

De ce qu'une idée soit nouvelle, s'ensuit-il qu'elle soit utopie ?

Mais notre idée est-elle si neuve?

Non; ce qui sera nouveau, ce sera sa complète réalisation.

Fénelon, par la bouche de Mentor, conseille à Idoménée de trancher, non par la guerre, mais par l'arbitrage, le conflit qu'il médite contre son voisin.

La Papauté, dans un siècle de luttes féodales, avait, avec la *trêve de Dieu,* songé à imposer la paix dans la chrétienté par l'arbitrage d'un pouvoir qui, accepté de tous, dirait à tous la justice et le droit.

L'unité religieuse brisée, brisé fut l'instrument. Mais le Vatican n'a pas varié dans sa doctrine, et, pour employer la spirituelle expression de M. Denys Cochin : « Quand on lit sans parti pris et quand on compare les notes de Sa Sainteté Benoît XV et du Président Wilson, on risque de se tromper et d'attribuer au premier le message diplomatique et au second l'encyclique pontificale. »

Derrière de tels penseurs et de tels patrons, on peut marcher sans trop de crainte.

Notre Traité n'a pas, cependant, rompu avec tous les préjugés.

Les plénipotentiaires n'ont pas cru, par respect pour le principe mal compris — à notre avis — de la souveraineté des Nations, pouvoir donner au tribunal international force obligatoire.

L'œuvre est donc incomplète.

Loyalement, les plénipotentiaires l'ont constaté et ont déclaré qu'elle était améliorable.

Qui donnera aux gouvernements l'autorité nécessaire ?

Une seule puissance aura cette force : l'opinion publique.

Or, c'est vous, Mesdames et Messieurs, qui la constituez, cette opinion publique.

Nous nous adressons à vous pour éviter à la triste humanité le retour du cataclysme d'hier.

Vous seuls pouvez mener l'œuvre à bien.

En vous, nous mettons notre espoir.

En vous, tous les amis de la paix mettent leur confiance.

Déclaration de M. Ernest LAVISSE

de l'Académie Française
Directeur honoraire de l'Ecole Normale Supérieure

La guerre a tué des millions d'hommes et couvert de ruines des territoires immenses : ruines de monuments vénérables du passé, ruines de villages, de villes, de lieux et d'instruments de travail. Par endroits, en France, elle a détruit le sol lui-même.

La guerre a donné carrière à de nobles vertus, mais réveillé les instincts primitifs, comme la joie de détruire et de tuer. Elle laisse après elle un âpre appétit de jouissances et le furieux débordement des égoïsmes.

La guerre a compromis la science, devenue l'auxiliaire et la servante de la « barbarie ».

La guerre menace de léguer aux nations des haines qui la rallumeront dans l'avenir.

La guerre tuera l'humanité si l'humanité ne tue pas la guerre.

La question vaut donc la peine que l'humanité en délibère. Mais comment s'y prendra-t-elle ?

Ce que nous appelons humanité, c'est un assemblage incohérent de nations dont chacune a son passé distinct, ses intérêts particuliers, ses ambitions, ses passions. Il sera bien difficile de les réconcilier et de les unir dans une pensée commune.

Sans doute ; mais les Nations, comment se sont-elles formées ? Considérons la France : elle était au moyen âge une polyarchie. Quoi de commun entre la Provence et la Picardie, entre le Languedoc et la Lorraine ? Le ciel, le sol, les traditions, tout différait. Or, le ciel et le sol sont demeurés les mêmes. Les traditions ne sont pas mortes, et pourtant, quelle unité que celle de la nation française, combien profonde, intime, solide !

Au reste, il n'est pas question de faire de l'humanité une nation. Cela n'est ni possible, ni désirable. Il faut que les individualités nationales gardent leurs énergies, dont la somme constitue l'énergie humaine.

Il s'agit, pour maintenant, de dresser un état des nations tel qu'il existe aujourd'hui, après la paix de Versailles, et de déclarer que cet état de fait est un état de droit et qu'il ne pourra êre modifié qu'avec le consentement des nations unies pour le garantir et le maintenir.

Il s'agit de créer des institutions qui préviennent les violations du droit, et, s'il le faut, châtient le violateur. Ici devaient nécessairement se produire des difficultés ; elles se sont produites, en effet, nous ne l'avons que trop bien vu. Au texte du Pacte voté par la Conférence de la paix, le 28 avril de l'année dernière, nous préférons celui qu'avait préparé la commission présidée et dirigée par M. Léon Bourgeois et qui était précis, clair, décisif, à la française.

Mais ne nous étonnons pas de cette imperfection. Comme on dit, nous revenons de loin, de très loin. Pendant des siècles, la guerre était l'état normal, au point que les peuples remerciaient leurs rois, quand ceux-ci, de temps en temps, avaient la bonté de leur laisser quelques années de répit.

C'est un commencement modeste, ce pacte du 28 avril 1919 ; mais il permet de belles espérances. Vieil historien, je puis affirmer qu'il apporte au monde une grande nouveauté. J'en vais donner une preuve, une seule, mais convaincante :

Elle n'est pas dans le texte même du pacte ; elle est dans une annexe. C'est une simple liste de noms, que voici :

Membres ordinaires de la Société des Nations, signataires du Traité de paix.

ETATS-UNIS D'AMERIQUE. — BELGIQUE. — BOLIVIE. — BRESIL. — EMPIRE BRITANNIQUE. — CANADA. — AUSTRALIE. — AFRIQUE DU SUD. — NOUVELLE-ZELANDE. — INDE. — CHINE. — CUBA. — EQUATEUR. — FRANCE. — GRÈCE. — GUATEMALA. — HAITI. — HEDJAZ. — HONDURAS. — ITALIE. — JAPON. — LIBERIA. — NICARAGUA. — PANAMA. — PEROU. — POLOGNE. — PORTUGAL. — ROUMANIE. —

SERBIE. — SIAM. — TCHECO-SLOVAQUIE. — URUGUAY.

Etats invités à accéder au pacte.

ARGENTINE. — CHILI. — COLOMBIE. — DANEMARK. — ESPAGNE. — NORVÈGE. — PARAGUAY. — PAYS-BAS. — PERSE. — SALVADOR. — SUÈDE. — SUISSE. — VENEZUELA.

Remarquez : voilà des noms étonnés de se trouver ensemble; jamais un si grand nombre d'Etats n'a figuré dans un acte diplomatique; celui-ci est vraiment mondial. Mais là n'est pas le plus important. Chacun de ces Etats, les tout petits et les très grands, disposera, dans l'Assemblée de la Société des Nations, d'une seule voix. Il n'y a plus de privilège reconnu à la puissance matérielle. Pour siéger dans cette assemblée, dans ce tribunal de l'humanité, il suffit d'être ce qu'est une libre nation démocratique, c'est-à-dire une personne humaine.

Remarquez enfin : un nom manque sur ces listes, le nom de l'Allemagne. La nation qui a proclamé que la force est la créatrice du droit est tenue en pénitence jusqu'au jour où elle aura confessé, où elle aura expié son erreur et son crime, et mérité l'absolution.

J'avais donc raison de dire que voilà une grande nouveauté.

Eh bien! de ce point de départ, partons; partons et marchons ferme!

Que nos associations, dans tous les pays, organisent la bonne propagande. Nous nous adresserons à la génération qui a combattu et tant souffert, puis aux générations qui vont la suivre. Nous n'aurons pas de peine à persuader aux anciens combattants que l'achèvement de leur victoire doit être la mort de la guerre. Aux autres, nous enseignerons que leur devoir et leur honneur, à eux que la grande guerre a sauvés de la honte et de la servitude, sera d'organiser la grande paix où l'humanité vivra ses destinées nouvelles.

Déclaration de M. Alexandre RIBOT

de l'Académie Française; ancien Président du Conseil.

L'humanité entière a mis sa confiance dans la Société des Nations. Ce qui n'était qu'un rêve généreux des philosophes ou une espérance lointaine des politiques est devenu une réalité dans l'esprit des peuples, le jour où les puissances qui avaient lutté ensemble pour la défense du droit ont décidé de mettre la Société des Nations au frontispice du traité de paix.

Si la Société des Nations devait manquer aux promesses faites en son nom, ce serait pour le monde une cruelle déception. Aussi devons-nous tout faire pour lui donner les moyens de vivre et de répondre aux espérances qu'elle a fait naître.

Pour cela, il faut d'abord que les puissances qui l'ont créée, et, au premier rang, les Etats-Unis d'Amérique maintiennent entre elles l'accord le plus étroit. Sans cet accord, la victoire n'eût pas été obtenue; il demeure la véritable garantie de la paix générale.

La Société des Nations trouvera dans l'opinion publique la force nécessaire à son développement. On sentira le besoin de lui donner des armes et une organisation plus solide pour faire respecter ses décisions. Afin d'arriver au désarmement général qui est dans les vœux de tous les peuples, les gouvernants, si jaloux qu'ils soient de leur indépendance, ne se refuseront pas à créer une force internationale au service du droit. Ce sera une évolution aussi bienfaisante que l'a été l'institution, au sein des nations sorties de la poussière de la féodalité, d'une justice capable d'imposer ses arrêts aux perturbateurs de la paix publique.

Si loin que nous paraissions être encore de cet idéal, nous devons poursuivre notre route avec une confiance et une ténacité que rien ne pourra décourager.

L'avenir n'est pas aux sceptiques, mais aux hommes qui ont foi dans la puissance de la vérité.

Discours de M. Albert THOMAS

Ancien Ministre de l'Armement.

Lorsque, le 16 janvier, le Conseil de la Société des Nations s'est réuni, des esprits chagrins l'ont jugé : « Ce n'est là, disaient-ils, qu'une assemblée de diplomates. La Société des Nations n'est pas une Société des peuples. »

A cette critique, à ce doute, la Société des Nations peut répondre par les vingt millions d'ouvriers syndiqués, par les milliers d'industriels que groupe dès aujourd'hui l'organisation permanente du travail.

A ceux qui disent : « La Société des Nations recule devant la représentation populaire, la Société des Nations recule devant l'institution démocratique d'un Parlement », la Conférence générale du Travail répond par l'élection de ses membres ouvriers et patrons, par la régularité de ses sessions et par le vote de ses conventions.

A ceux qui rappellent que la Société des Nations n'a point proclamé les droits des nations, qu'elle n'a pas défini les lois qui la guident, le Bureau international du Travail répond par la déclaration inscrite au frontispice de la partie XIII du traité de paix : « La Société des Nations a pour but d'établir la paix universelle. Une telle paix ne peut être fondée que sur la base de la justice sociale. »

Ainsi, déjà, dans cette organisation qui constitue vraiment sa section du travail, la Société des Nations s'efforce de vivre toute sa vie. Bientôt, par la volonté des peuples, elle vivra également en toutes ses sections, section financière, section économique, section intellectuelle. Et, par son effort de justice, par son œuvre de réparation, elle s'étendra rapidement à l'univers.

Or, il faut qu'il en soit ainsi pour la sécurité des peuples, pour la libération du travail.

Comme la science, le travail a été asservi par la guerre. Comme la science, il a dû se vouer tout entier à des œuvres de destruction et de mort.

Quand ses soldats attaquaient, le maréchal Joffre, en un langage simple, avait coutume de dire : « Ils travaillent. »

Oui, tous, ils travaillaient. Les terrassiers du génie dont la ligne sinueuse et mouvante courait au flanc des coteaux, les bons artilleurs du 155 qui servaient avec une ardeur infatigable les vieux et efficaces canons de Bange et qui, le soir, « en avaient plein les bras » de la lourdeur des gros obus ! Ils travaillaient, les fantassins héroïques qui montaient péniblement sous la mitraille à l'assaut des positions, les conducteurs des camions qui roulaient jour et nuit sur la route de Verdun, ou les aviateurs qui faisaient monter jusqu'aux étoiles d'or, comme une nouvelle clameur humaine, le grondement continu de leurs moteurs ; et ils travaillaient aussi, ceux des ateliers et des usines, qui fournissaient à tous leurs outils de travail, délicats et formidables.

Tous, tous, ils travaillaient, pour libérer le Travail.

Car c'est dans cet asservissement total du travail à la guerre qu'ils ont compris soudain, en leur cœur, l'immense valeur du travail humain.

Pour ceux qui avaient accompli, en face de la mort, le travail héroïque du front, non, le travail ne pouvait plus être « une marchandise ».

Cela, le traité de paix a dû le proclamer. Il l'a proclamé. Et il faudra que cela devienne réalité.

Par un paradoxal retour des choses, c'est de la misère même des combattants, c'est du fond des « gourbis » et des « cagnas », c'est des champs de bataille boueux et sanglants qu'a surgi dans sa splendeur l'éminente dignité du travail humain.

C'est sur les solides fondations du travail, enfin libéré, que la Société des Nations doit bâtir le temple de la paix humaine.

Déclaration de M. Ferdinand BUISSON

Député de Paris,
Ancien Directeur de l'Enseignement primaire au Ministère de l'Instruction Publique.

Il y a un an, au lendemain de la date immortelle du 11 novembre 1918, un cri de délivrance retentissait dans la France entière : « Nous sommes vainqueurs ! L'armistice est signé ! »

Mais il restait à faire un immense travail pour reconstituer le monde.

Après la grande Guerre, la grande Paix !

Cette œuvre s'est accomplie, à travers des difficultés sans nombre. Enfin, le Traité de paix a été signé le 28 juin de cette année.

Ce Traité consacre notre victoire. Il nous rend l'Alsace et la Lorraine. Il apporte à la France la réparation de ce qui peut être réparé. L'Allemagne est obligée de restituer ce qu'elle avait criminellement ravi. Et le militarisme germanique qui, un instant, avait espéré courber le monde sous un joug de fer, gît maintenant à jamais brisé sous les ruines des empires centraux.

Mais il y a bien autre chose dans ce Traité.

« Pour la première fois, un Traité essaie de créer une organisation internationale s'étendant à l'humanité entière, fondée sur le respect du Droit et sur la mutuelle coopération des peuples. »

En d'autres termes, c'est la première fois qu'on peut lire, en tête d'une convention signée au nom de tous les peuples, deux clauses qui n'ont jamais figuré dans les actes diplomatiques : un *principe nouveau* devant régir les relations internationales, et un *nouveau régime* pour en assurer l'application.

Le principe nouveau, c'est la résolution prise par les Nations en cas de conflit entre elles, de s'en remettre désormais, non plus à la décision de la force, mais à la décision de la justice, comme chacune d'elles l'exige déjà des individus à l'intérieur de la nation.

Le nouveau régime, c'est l'établissement, entre les contractants, d'un pouvoir suprême collectif, émanant d'eux-mêmes, et faisant respecter le Droit au nom de la Société des Nations.

Ces deux grandes idées n'étaient pas restées jusqu'ici inconnues. Mais elles n'avaient pas encore reçu la consécration d'un formel et mutuel engagement international. Le Traité du 28 juin 1919 marque la date où commence une ère nouvelle.

D'une part, il affirme comme base de toutes les relations internationales le droit de chaque peuple à disposer de lui-même; il supprime par conséquent le prétendu droit pour le plus fort d'imposer sa volonté au plus faible. Et ce n'est pas seulement un principe qu'il proclame ; il l'affirme aussitôt en fait : il rend à l'Italie les provinces que retenait l'Autriche, au Danemark, le Slesvig annexé de force par l'Allemagne; s'il reconstitue la Pologne; il libère les Tchèques et les Yougo-Slaves.

D'autre part, le Traité inaugure l'institution d'un grand organisme, protecteur efficace du droit et de la Paix; il oppose à toutes les tentatives possibles d'asservissement du monde une Société des Nations capable de les empêcher avec une force invincible.

Pour établir cette puissance souveraine, a-t-il été nécessaire d'enlever aux Nations leur indépendance et de les soumettre à une autorité supérieure? Non, c'est leur propre autorité qui s'exerce, c'est leur volonté commune qui brise toutes les résistances en substituant à l'esprit de conquête l'esprit de justice.

On ne saurait trop le redire, cette révolution dans les mœurs internationales consiste uniquement à y faire régner les mêmes règles que dans la vie nationale, où personne ne songe à les contester.

Au sein de chaque nation civilisée, l'homme a appris à ne plus vouloir se faire justice à lui-même, à ne plus prétendre user et abuser de sa force pour terrasser l'adversaire, à ne plus recourir aux armes avec l'aide de ses amis pour se faire attribuer un avantage quelconque. C'est devant une autorité constituée par la nation qu'il doit porter ses réclamations. Et cette autorité prononce souverainement, au nom de la loi, au nom de la nation, un verdict auquel tous devront se soumettre sous peine d'y être contraints par la puissance publique armée pour que force reste à la Loi.

C'est exactement dans les mêmes conditions que la guerre disparaîtra entre les Nations, comme elle a disparu entre les provinces, les tribus et les cités, jadis perpétuellement sous les armes. Que faut-il pour atteindre cette nouvelle phase de la civilisation ? Uniquement que telle soit la volonté des nations.

Cette volonté vient de se manifester avec une force d'autant plus remarquable qu'elle s'allie à une modération, à une prudence extrême. C'est, en quelque sorte, un appel à la raison de tous, une mesure qui les oblige simplement à réfléchir, à calculer la portée de leurs actes, à se donner le temps d'examiner et de faire examiner par des arbitres l'objet du conflit, l'intérêt en litige, la question qui, brusquée, risquerait de mettre le feu aux poudres. La seule chose que la Société des Nations s'interdit et interdit à tous ses membres, c'est de se jeter précipitamment dans les horreurs de la guerre, tant elle est sûre que si l'opinion publique impose à chacun la discussion loyale et publique, au lieu du recours immédiat aux armes, c'est-à-dire à la force brutale, la guerre ne sera plus possible.

Ce n'est donc qu'un germe qui vient d'être déposé dans le sein de la terre, mais un germe vivant qui grandira.

Que faut-il pour qu'il prenne tout son développement ? Quand et comment cette Société des Nations, à peine ébauchée à l'heure présente, arrivera-t-elle à exercer sur le monde la plénitude de son action tutélaire ?

Il faut et il suffit que, d'un bout de la terre à l'autre, l'opinion des masses humaines se familiarise avec ces heureuses nouveautés, qu'elle en accepte le principe, qu'elle en prépare l'application. Le traité du 28 juin n'aurait qu'une bien faible valeur s'il marquait le terme d'une évolution : il en est, au contraire, le point de départ. Que la conscience publique, désireuse d'avancer rapidement dans la voie ainsi frayée, donne son appui à ces réformes, qu'elle s'applique à les étendre, à les compléter, à les faire rayonner sur le monde : alors, on pourra espérer qu'à très bref délai, par le seul effort de la raison et de la justice, aucun conflit ne se réglera plus par la violence et par le sang.

Le jour où tous les peuples se seront bien convaincus qu'il est possible de supprimer la guerre parce qu'il est possible d'organiser la justice entre les nations de toute la terre aussi bien qu'entre tous les hommes d'une nation, aucun gouvernement ne pourra plus engager le pays à son insu dans une prétendue affaire d'honneur d'où il ne peut sortir que par la force des armes.

Et le jour où toute nation saura qu'en refusant l'arbitrage, en recourant à des moyens barbares, elle s'expose à être immédiatement mise en interdit, coupée de toute communication avec le reste du monde, considérée comme hors la loi et comme en état de guerre, non pas avec un ennemi, mais avec tout le genre humain, elle y songera à deux fois, quelque confiance qu'elle ait en son armement militaire, avant de se précipiter dans une aventure mortelle.

C'est cet état d'esprit qu'il faut maintenant créer dans le monde. Il a fallu des siècles pour former chaque nation, en y supprimant la guerre intestine, si longtemps considérée comme une nécessité inévitable. Faudra-t-il des siècles pour former la Société des Nations, en abolissant la guerre internationale ? Il y a lieu de croire qu'il suffira de quelques générations. Que la jeunesse s'inspire du nouveau statut de l'humanité dont les premières lignes viennent d'être tracées à Versailles, et il lui appartiendra d'en accélérer l'application universelle. En attendant que la Société des Nations soit en mesure de réaliser tout entier ce magnifique programme, puissent les écoles de tous les pays libres saluer joyeusement la date qui ouvre à l'humanité l'âge des grandes espérances !

Déclaration de M. Raymond POINCARÉ

Président de la République,

Messieurs,

Lorsque le premier conseil de la Société des nations a tenu, le 16 janvier 1920, sa séance d'installation, il a été unanime à choisir pour le présider l'homme d'Etat qui avait représenté la France, en 1899 et en 1907, aux conférences de La Haye, et qui avait si efficacement contribué à fonder une juridiction internationale et une Cour permanente d'arbitrage. Nul plus que M. Léon Bourgeois n'a cherché à favoriser le règlement amiable des conflits qui peuvent diviser les peuples ; nul n'a vu et défini plus clairement les graves difficultés qu'ont rencontrées, jusqu'à ces derniers mois, les tentatives les mieux intentionnées.

Il y a treize ans, quarante-quatre Etats, au nombre desquels l'Allemagne, l'Autriche-Hongrie, la Bulgarie et la Turquie, se réunissaient à La Haye, s'y déclaraient « animés de la ferme volonté de concourir au maintien de la paix générale », et proclamaient solennellement « la solidarité qui unit les membres de la Société des nations civilisées ». Mais en s'expliquant peu après, soit au palais du Luxembourg, soit à l'Ecole des Sciences politiques, sur les résultats de la Conférence, M. Léon Bourgeois avait nettement déterminé les limites, encore fort étroites, du succès obtenu. On avait fait, disait-il, un pas, un simple pas, vers l'organisation du droit ; et, devant le regretté M. Louis Renault, il attribuait à la science et à la pensée française l'honneur de ce premier résultat. Mais il ajoutait que la constitution juridique d'une société internationale exigeait l'égalité de tous les Etats adhérents dans le consentement et dans la responsabilité, l'adoption de principes communs et l'établissement de sanctions positives. Il demandait qu'on ne confondît pas « les hommes d'action de la paix », ceux qui travaillaient à préparer pratiquement le règne de la paix, avec ceux qu'il appelait « les rêveurs de la paix », et il trouvait cette formule lumineuse : « La paix, c'est la durée du droit. »

Comment les institutions ébauchées alors dans la généreuse pensée de conjurer la guerre, n'auraient-elles pas été fragiles, incertaines et précaires ? Avant de faire durer le droit, le monde avait à le rétablir. Quelle confiance était-il, en effet, possible d'accorder à des empires qui reposaient entièrement sur la force et qui assujettissaient à leur pouvoir des populations opprimées ? Une Société des nations qui aurait garanti alors à tous ses adhérents le maintien du *statu quo* aurait consacré l'asservissement de l'Alsace et de la Lorraine, du Slesvig, de la Bohême, de la Pologne, de la Croatie, du Trentin ; elle se serait formée entre Etats artificiels, nés de la violence et non de la volonté des peuples ; elle aurait assuré la prescription du vol et perpétué l'iniquité.

Aussi bien, lorsque la tourmente de 1914 s'est abattue sur l'Europe, l'Autriche et l'Allemagne, qui, en 1907, à La Haye, avaient accepté le nouveau rendez-vous pacifique donné à toutes les nations pour 1915, ont-elles totalement oublié les déclarations qu'elles avaient signées et se sont-elles dérobées à toutes les propositions d'arbitrage ou de médiation. Un traité de plus ou de moins, ce n'était pour elles qu'une once ajoutée ou déduite dans la corbeille aux chiffons de papier.

Tout autre est la société qui s'est constituée le 20 janvier et dans laquelle, d'ailleurs, les nations qui ont outragé le droit n'entreront pas avant de s'être amendées. Aujourd'hui, les constructions élevées par l'esprit de conquête se sont effondrées ; les classifications arbitraires ont disparu ; la liberté a été rendue aux peuples qui étaient soumis à une domination étrangère. Un grand et noble effort a été fait pour que chaque Etat correspondît désormais à une formation nationale consciente et homogène. Là où cette œuvre de justice est restée inachevée, là où il a paru indispensable de procéder à des enquêtes, de réserver des décisions ultérieures ou de consulter les populations et, par exemple, dans la Sarre, à Dantzig, à Malmédy, c'est la Société des Nations elle-même qui a été chargée de prendre les mesures nécessaires. Quelles que soient les lacunes ou les erreurs du traité de Versailles, il contient donc, malgré tout, une vertu morale qu'on ne saurait méconnaître et dont nous devons loyalement chercher à tirer parti, dans l'intérêt de la France et de l'humanité.

A lire attentivement les 440 articles qui composent ce traité, nous constatons que, seule, la Société des Nations les maintient en équilibre, comme dans une arcade le claveau central fixe tous les autres. Sans la clef de voûte, le cintre risquerait de s'écrouler. Félicitons-nous donc qu'aux puissances européennes alliées, au Brésil, au Japon, soient déjà venus se joindre d'autres pays qui étaient restés neutres dans la guerre et qui, en adhérant à la Société des Nations, souscrivent par là même aux légitimes conséquences de notre victoire. Espérons que nos grands amis d'Amérique ne tarderont pas à occuper dans le conseil international la place qui leur est réservée. Avec nous, ils ont participé à la création du monde nouveau; avec nous, ils ont érigé un monument en l'honneur du droit; l'univers tout entier est intéressé à ce que l'ouvrage commencé ne demeure pas en suspens.

Sans doute, ce ne sera ni un conseil permanent, ni même une assemblée périodique des délégués des nations qui changeront instantanément l'âme des hommes. Au lendemain d'une guerre où il a coulé tant de sang, nous ne voyons encore que trop de passions incendiaires couver sur plusieurs points du globe et trop de peuples chercher à déborder les frontières qui leur ont été assignées. Mais c'est déjà beaucoup que tous les membres de la Société s'engagent réciproquement à respecter et à maintenir contre toute agression extérieure l'intégrité territoriale et l'indépendance politique de chacune des puissances signataires. C'est beaucoup qu'un grand conseil international, appuyé sur un statut contractuel, puisse évoquer demain, en cas de refus d'arbitrage, tous les conflits naissants et intervenir pour les empêcher de s'envenimer.

C'est beaucoup qu'il soit désormais stipulé que, si, contrairement aux engagements pris, un membre de la Société en appelle aux armes, il sera, par le fait même, considéré comme ayant commis un acte de guerre vis-à-vis des autres associés. C'est beaucoup que toutes les nations se promettent de dire aussitôt au perturbateur : « Puisque tu as violé le pacte, puisque tu troubles la paix, nous ne te connaissons plus. Nous rompons immédiatement avec toi toutes relations commerciales et financières, et nous interdisons à nos nationaux respectifs d'avoir avec les tiens des rapports quelconques. »

Certes, on aurait pu faire mieux encore, et il n'a dépendu ni de la France, ni en particulier de M. Léon Bourgeois, que la Société fût pourvue de meilleurs moyens de contrôle et d'action, qu'elle pût exercer sur les armements une surveillance effective et qu'elle eût la force de faire elle-même prévaloir ses volontés. Il n'y aurait eu, dans ces garanties complémentaires, rien qui restreignît l'indépendance des Etats adhérents, ni qui humiliât leur dignité; il n'y aurait eu que des obligations mutuelles, librement consenties, comme il s'en trouve dans toutes les conventions humaines. Mais à défaut même de ces clauses protectrices, dont la Société sera maîtresse de reprendre plus tard l'examen, l'organisation présente marque déjà un progrès immense dans la vie des peuples civilisés. Elle ne les laisse plus isolés, séparés les uns des autres, confinés dans la préoccupation exclusive de leurs intérêts nationaux. Elle n'enlève, bien entendu, à aucun d'eux son caractère, ses traditions, ses mœurs, son originalité; elle ne touche pas aux grandes vérités sur lesquelles repose l'existence des patries; elle suppose au contraire des nations vivantes, fortes et prospères, puisque, aussi bien, toute association florissante emprunte sa vitalité collective aux valeurs individuelles qui la composent; mais, en même temps, elle rapproche ces nations diverses dans le respect de quelques principes éternels, elle les associe au culte d'un même idéal, elle leur fait entrevoir, à un point de rencontre de leurs routes différentes, une double lumière qui parfois s'éclipse encore, mais qui, tout de même, devient tous les jours moins fugitive, celle qu'agitent à l'horizon, devant l'humanité en marche, la Justice et la Liberté.

Poésie dite par Mme SEGOND-WEBER

de la Comédie-Française.

LUX

I

Temps futurs ! vision sublime !
Les peuples sont hors de l'abîme.
Le désert morne est traversé.
Après les sables, la pelouse ;
Et la terre est comme une épouse,
Et l'homme est comme un fiancé !

Dès à présent, l'œil qui s'élève
Voit distinctement ce beau rêve
Qui sera le réel un jour ;
Car Dieu dénouera toute chaîne,
Car le passé se nomme haine
Et l'avenir s'appelle amour !

Dès à présent, dans nos misères
Germe l'hymen des peuples frères ;
Volant sur nos sombres rameaux,
Comme un frelon que l'aube éveille,
Le progrès, ténébreuse abeille,
Fait du bonheur avec nos maux.

Oh ! voyez ! la nuit se dissipe
Sur le monde qui s'émancipe,
Oubliant Césars et Capets,
Et sur les nations nubiles,
S'ouvrent dans l'azur, immobiles,
Les vastes ailes de la paix !

O libre France enfin surgie !
O robe blanche après l'orgie !
O triomphe après les douleurs !
Le travail bruit dans les forges,
Le ciel rit, et les rouges-gorges
Chantent dans l'aubépine en fleurs !

La rouille mord les hallebardes.
De vos canons, de vos bombardes,
Il ne reste pas un morceau
Qui soit assez grand, capitaines,
Pour qu'on puisse prendre aux fontaines
De quoi faire boire un oiseau.

Les rancunes sont effacées ;
Tous les cœurs, toutes les pensées,
Qu'anime le même dessein,
Ne font plus qu'un faisceau superbe ;
Dieu prend pour lier cette gerbe
La vieille corde du tocsin.

Au fond des cieux un point scintille.
Regardez, il grandit, il brille,
Il approche, énorme et vermeil.
O République universelle,
Tu n'es encore que l'étincelle,
Demain tu seras le soleil !

II

Fêtes dans les cités, fêtes dans les campagnes !
Les cieux n'ont plus d'enfers, les lois n'ont plus de bagnes.
Tout l'univers n'est plus qu'une famille unie.
Le saint labeur de tous se fond en harmonie ;
Et la société, qui d'hymnes retentit,
Accueille avec transport l'effort du plus petit ;
L'ouvrage du plus humble au fond de sa chaumière
Emeut l'immense peuple heureux dans la lumière ;
Toute l'humanité, dans sa splendide ampleur,
Sent le don que lui fait le moindre travailleur ;
Ainsi les verts sapins, vainqueurs des avalanches,
Les grands chênes remplis de feuilles et de branches,
Les vieux cèdres touffus, plus durs que le granit,
Quand la fauvette, en mai, vient y faire son nid,
Tressaillent dans leur force et leur hauteur superbe,
Tout joyeux qu'un oiseau leur apporte un brin d'herbe.
Radieux avenir ! Essor universel !
Epanouissement de l'homme sous le ciel !

III

D'ailleurs pensons. Nos jours sont des jours d'amertume,
Mais quand nous étendons les bras dans cette brume,
Nous sentons une main ;
Quand nous marchons, courbés, dans l'ombre du martyre,
Nous entendons quelqu'un derrière nous nous dire :
« C'est ici le chemin. »

O proscrits, l'avenir est aux peuples ! Paix, gloire,
Liberté reviendront sur des chars de victoire
Aux foudroyants essieux ;
Ce crime qui triomphe est fumée et mensonge.
Voilà ce que je puis affirmer, moi, qui songe
L'œil fixé sur les cieux !

Les Césars sont plus fiers que les vagues marines,
Mais Dieu dit : « Je mettrai ma boucle en leurs narines,
Et dans leur bouche un mors,
Et je les traînerai, qu'on cède ou bien qu'on lutte,
Eux et leurs histrions, et leurs joueurs de flûte,
Dans l'ombre où sont les morts ! »

Dieu dit ; et le granit que foulait leur semelle
S'écroule, et les voilà disparus pêle-mêle
Dans leurs prospérités !
Aquilon ! Aquilon ! qui viens battre nos portes,
Oh ! dis-nous si c'est toi, souffle, qui les emportes :
Où les as-tu jetés ?

V

Bannis ! bannis ! bannis ! c'est là la destinée.
Ce qu'apporte le flux sera dans la journée
Repris par le reflux.
Les jours mauvais fuiront sans qu'on sache leur nombre,
Et les peuples joyeux et se penchant sur l'ombre
Diront : « cela n'est plus ! »

Les temps heureux luiront, non pour la seule France,
Mais pour tous. On verra dans cette délivrance,
Funeste au seul passé,
Toute l'humanité chanter, de fleurs couvertes,
Comme un maître qui rentre en sa maison déserte
D'où l'on l'avait chassé.

Les tyrans s'éteindront comme des météores,
Et comme s'il naissait de la nuit deux aurores
Dans le même ciel bleu,
Nous vous verrons sortir de ce gouffre où nous sommes,
Mêlant vos deux rayons, fraternité des hommes,
Paternité de Dieu !

Oui, je vous le déclare, oui, je vous le répète,
Car le clairon redit ce que dit la trompette,
Tout sera paix et jour !
Liberté, plus de serf et plus de prolétaire !
O sourire d'en haut ! O du ciel pour la terre
Majestueux amour !

L'arbre saint du progrès, autrefois chimérique,
Croîtra, couvrant l'Europe et couvrant l'Amérique,
Sur le passé détruit.
Et, laissant l'éther pur luire à travers ses branches,
Le jour apparaîtra plein de colombes blanches,
Plein d'étoiles, la nuit.

Et nous qui serons morts, morts dans l'exil peut-être,
Martyrs saignants, pendant que les hommes, sans maître,
Vivront plus fiers, plus beaux,
Sous ce grand arbre, amour des cieux qu'il avoisine,
Nous nous réveillerons pour baiser sa racine
Au fond de nos tombeaux.

VICTOR HUGO (*Les Châtiments*).

ACTE DE FOI

Poème de M. Jean RICHEPIN, de l'Académie française, dit par l'auteur.

Oh ! non, ne dites pas que ce sont des chimères,
Ces espoirs d'une paix entre tous les humains
Où vous convoque ici l'appel muet des mères
    Joignant vers vous leurs saintes mains !

Ayez pitié de la douleur qui les torture,
Ces mères, qui, parmi nos retours triomphants,
Vont porter à jamais leur deuil contre nature,
    Orphelines de leurs enfants !

Ne le repoussez pas, l'appel qui nous implore,
Digne de tous nos vœux et de tous nos respects,
Pour que l'Humanité puisse te voir éclore,
    Jour de l'universelle paix !

Ne découragez pas cette foi douce et forte,
Ce beau rêve d'une aube où le Monde à genoux
Criera dans un grand cri d'amour : « La guerre est morte !
    « Hommes, frères, embrassons-nous ! »

Chez ceux qui l'ont déjà, la foi qui nous pénètre,
Rendons-la plus active en efforts plus fervents !
Chez ceux qui ne l'ont pas encor, faisons-la naître
    En la semant par tous les vents !

Aux pèlerins qui vont dans la boue et les pierres,
Sous la ténèbre, avec les yeux ensanglantés,
Jetons, pour dessiller leur âme et leurs paupières,
    Cette semaille de clartés !

Affirmons que la nuit ne peut être éternelle,
Et que cette aube, dont nous avons soif et faim,
Puisque l'aube est le fruit que la nuit porte en elle,
Il faut qu'elle en accouche enfin !

Affirmons qu'on la sent poindre, l'heure bénie
De cet enfantement si longtemps attendu,
Et qu'après tant d'horreurs et cinq ans d'agonie,
Pour qu'on revive, il nous est dû,

Et que notre raison nous en dicte l'oracle,
Et que si le ciel noir trompait nos justes vœux,
Nous saurions désormais le forcer au miracle
En criant au ciel : « Je le veux ! »

Oui, moi, l'Homme, le fils bien-aimé de la Terre,
Moi qui de toutes ses provendes me repais,
Que réchauffe son feu, que son eau désaltère,
Je veux sur elle, enfin, la paix ;

Je veux, par un accord des intérêts contraires,
Donner toute leur force à l'intérêt commun,
Et que meure la haine entre les hommes frères
Comme si tous ils n'étaient qu'un ;

Je veux que le savoir, la justice, la joie
Règnent dans chaque cœur et dans chaque cerveau,
Et que nul être d'un autre ne soit la proie,
Et qu'en ce paradis nouveau

On ne connaisse plus, pour des biens éphémères,
Ceux-ci martyrisés et ceux-là triomphants,
Et surtout le hideux fléau qui fait des mères
Orphelines de leurs enfants ;

Je veux enfin, dût tout l'Univers trouver vaine
Cette espérance, moi, jusqu'à mon dernier jour,
Y croire, et proclamer que la mort de la haine
Ne s'obtient qu'à force d'amour !

Et quand même, après tout, cette foi serait folle,
Et quand même elle aurait pour apôtres des fous,
Qu'importe, puisqu'un peu, seule, elle vous console,
Mères inconsolables, vous,

Vous qui, parmi les pleurs d'un deuil contre nature,
N'avez gardé de flamme en vos yeux grands ouverts
Que pour la foi sauvant l'Humanité future
Des maux que vous avez soufferts !

O foi dans l'avenir, fleuris nos heures brèves !
Oui, notre vie, ainsi que Shakespeare a chanté,
Est faite de la même étoffe que nos rêves.
Rêve, sois ma réalité !

Je crois en toi, j'y veux croire de tout mon être ;
Je tâcherai que tous y croient autour de moi ;
Le verbe évocateur peut, doit, te faire naître...
Ou sinon, seul avec ma foi,

Au moins, dans ma grandeur sublime et solitaire,
Moi, l'Homme, ton petit, Terre, ton gas, ton fieu,
J'aurai passé sur toi, ma pauvre vieille Terre,
En vivant le rêve d'un dieu !

JEAN RICHEPIN, *de l'Académie Française.*

Paris. — Imp. G. CADET, 7, rue Cadet.

EXTRAIT DU PROGRAMME DE L'ASSOCIATION

En 1909, deux ans après la Conférence de La Haye, où il présidait la Commission plénière de l'Arbitrage international, M. Léon Bourgeois disait : « *Il faut qu'à la diplomatie de la force succède la diplomatie du droit.* » Pour que la paix soit durable et sûre, il faut que le règne du droit soit établi. Sinon, la victoire n'est qu'une illusion, et la vraie bataille est perdue.

A la veille de l'armistice, le président Wilson affirmait ces vérités : « Les problèmes posés doivent être résolus, non par un arrangement, un compromis ou une conciliation d'intérêts, mais d'une façon définitive, une fois pour toutes, et avec l'acceptation complète et non équivoque du principe que les intérêts des plus faibles sont aussi sacrés que les intérêts des plus forts. *La paix durable et sûre ne saurait être obtenue qu'au prix d'une justice impartiale*, et le moyen indispensable pour y parvenir, c'est la Société des Nations. »

Ainsi, ce qui fut le rêve de nobles précurseurs est devenu le dessein réfléchi des soldats et des peuples.

L'œuvre entreprise à La Haye et qui n'a pu qu'être ébauchée par suite des arrière-pensées agressives des empires centraux, s'impose aujourd'hui à tous et doit être conduite à son achèvement.

Mais la Société des Nations, dont la formule, française d'origine, a été reprise en termes lumineux par le président des Etats-Unis d'Amérique, exige pour se traduire dans les faits deux conditions essentielles : une définition rigoureuse de son principe et de son objet ; un plan profondément étudié de son fonctionnement et de ses garanties. Il y faut en outre *l'adhésion populaire, un vaste mouvement de foi.*

C'est pour que ces deux tâches essentielles d'étude et de propagande soient remplies que s'est constituée l'*Association Française pour la Société des Nations.*

FRANÇAIS et FRANÇAISES

qui voulez la paix juste et durable,

apportez-lui votre adhésion.

Principales Associations adhérentes à

L'Union des Associations pour la Société des Nations

THE LEAGUE TO ENFORCE PEACE

Président : W. H. TAFT.
Secrétaire Général : W. H. SHORT
130, West 42^d Street, NEW-YORK.

THE LEAGUE OF NATIONS UNION

Président : Vicomte GREY OF FALLODON
Président du Comité exécutif : Lord Robert CECIL M. P.
Secrétaire Général : Lieutenant-Colonel H. F. T. FISHER
22, Buckingham Gate, LONDON. S. W. 1

LEGA UNIVERSALE per la SOCIETA delle LIBERE NAZIONI

Président : M. BISSOLATI
Secrétaire Général : M. CIPRIANO FACCHINETTI
Corso Vittorio-Emanuele 8, MILAN

ASSOCIATION BELGE pour la SOCIÉTÉ DES NATIONS

Président : M. le Baron DESCAMPS
Secrétaire Général : M. Eugène BAIE
60, Rue Villain XIV, BRUXELLES

Association Française
POUR LA
SOCIÉTÉ DES NATIONS

Président Général de l'Association : M. Léon BOURGEOIS
Président du Comité exécutif : M. Paul APPELL
Secrétaires Généraux : MM. RAIBERTI, Léon ROBELIN, Albert THOMAS
Trésorier : M. Raphaël-Georges LÉVY
Trésorier-Adjoint : M. G. RISLER
Secrétaire Administratif : M. J. PRUDHOMMEAUX

L'Association comprend des Membres adhérents, associé et donateurs dont les cotisations sont respectivement de 2, 10 et 50 francs au minimum.

Tous les dons et souscriptions sont reçus au Siège Social : 24, rue Pierre-Curie, Paris (V^e). — Tél. Gobelins 12-67.

IMPRIMERIE G. CADET
7, RUE CADET, PARIS

www.ingramcontent.com/pod-product-compliance
Ingram Content Group UK Ltd.
Pitfield, Milton Keynes, MK11 3LW, UK
UKHW021516260726
13993UKWH00004B/1708